RÉPONSE

A DEUX

MEMBRES DE LA SOCIÉTÉ NIVERNAISE

SUR LEURS CRITIQUES DU LIVRE

LA COMMUNE DE NEVERS

PAR

MASSILLON ROUVET,

ARCHITECTE.

Au profit de la Société de secours mutuels des corporations
réunies de Nevers.

PRIX : 1 FRANC.

NEVERS,

IMPRIMERIE FAY. — G. VALLIÈRE, SUCCESSEUR,
Place de la Halle et rue du Rempart, 2.

1882

RÉPONSE

A DEUX

MEMBRES DE LA SOCIÉTÉ NIVERNAISE

SUR LEURS CRITIQUES DU LIVRE

LA COMMUNE DE NEVERS

PAR

MASSILLON ROUVET,

ARCHITECTE.

⸻ ⸺•⊷◈⊶•⸺ ⸻

Au profit de la Société de secours mutuels des corporations
réunies de Nevers.

———

PRIX : 1 FRANC.

———

NEVERS,

IMPRIMERIE FAY. — G. VALLIÈRE, SUCCESSEUR,
Place de la Halle et rue du Rempart, 2.

1882

La Société de secours mutuels des corpo-
rations réunies de Nevers nous ayant fait
récemment l'honneur de nous nommer membre
honoraire, nous ne pensons mieux faire que de
lui laisser le bénéfice de cette brochure ; ce sera
l'expression de notre gratitude aussi bien qu'un
encouragement au bienfait que cette association
produit, en mettant en pratique cette grande
maxime : Un pour tous, tous pour un.

MASSILLON ROUVET,
Architecte.

RÉPONSE

A

DEUX MEMBRES DE LA SOCIÉTÉ NIVERNAISE [1]

AVERTISSEMENT.

Celui qui veut se frayer un chemin à travers la vie doit être armé pour la défense et pour l'attaque. C'est le langage que Schiller donne à Guillaume Tell.

Etait-ce une raison suffisante pour que je vienne même essayer de me défendre en l'occurrence ? Evidemment non. Il fallait davantage...

« *Quoy que ce soit, ie vous supplie, Monsieur, le recevoir de bon visaige.* »

Ce n'est pas parce qu'une attaque passionnée a été portée contre mon livre *la Commune de Nevers* et lue en mon absence à la Société nivernaise ;

Ce n'est pas parce que cette attaque a été imprimée sans vote de cette Société dans son *Bulletin* ;

Ce n'est pas parce que le petit comité d'impression refuse d'imprimer ma réponse (2) même après un vote

---

(1) Voir *Bulletin* de la Société nivernaise, 3ᵉ série, t. Iᵉʳ, 11ᵉ volume de la collection, p. 194 à 221.

(2) Le bon à tirer nous est pourtant arrivé daté du 13 septembre 1882, alors que le *Bulletin* était tout tiré et broché.

préalable de la Société nivernaise, réponse qu'elle laissait à ma convenance.

Mes réponses successives n'ont-elles pas été lues en séance publique de cette Société et acceptées par elle ?

Je suis heureux de pouvoir dire à cet égard qu'une première, qui avait le tort d'être peut-être aussi mordante que l'attaque, a été modifiée de mon plein gré par une seconde réponse beaucoup plus courte et plus modeste. Ce sont ces deux répliques que j'ai l'honneur de soumettre au lecteur, qui restera juge du fond du sujet.

Il fallait le coup de fouet de l'ironie et *peut-être* des allusions à ma situation officielle aux travaux de la cathédrale de Nevers.....

Si je me suis trompé, tant pis ; mais, quoi qu'il en soit, du moins qu'il me soit permis de dire avec Montaigne :

« *Au reste, Monsieur, ce léger présent, pour mesnager d'une pierre deux coups, servira aussy, s'il vous plaict, à vous tesmoigner l'honneur et révérence que ie porte à vostre suffisance et qualitez singulières qui sont en vous.* »

§

Les lignes qui suivent sont des explications qui n'ont rien de commun avec la Société, mais que j'ai cru nécessaire de donner ici.

C'est au commencement de 1874 que je fus nommé architecte-inspecteur des édifices diocésains, présenté par Viollet-Le-Duc, qui, en 1878, appuyait ma candidature au département de la Nièvre de la manière suivante :

« Monsieur le Préfet, permettez-moi, en ma qualité de vieux praticien, de vous recommander M. Massillon Rouvet, qui sollicite la place d'architecte du département de la Nièvre, vacante par la démission du titulaire. Si je prends cette liberté, c'est que je connais M. Massillon Rouvet depuis longtemps, et que j'ai eu l'occasion d'apprécier ses aptitudes comme architecte, la fermeté de son caractère, son honorabilité et le sentiment du devoir montré par lui en maintes circonstances.

» Je crois que les fonctions qu'il sollicite ne pourraient pas tomber en meilleures mains, et je lui dois de le reconnaître.

» Veuillez agréer, etc.

» *Signé :* E. Viollet-Le-Duc. »

Et c'est à peine quelques jours après sa mort que ma révocation était demandée; par qui? Je me tairai, car le personnage était haut placé dans la société. Les motifs étaient sérieux : 1° je volais l'État de connivence avec les entrepreneurs; 2° je m'occupais mal de mes travaux.

Le principal *instrument* et non l'auteur de cette dénonciation était le signataire de ces lignes autographes que je conserve précieusement :

» Monsieur X..., j'ai emprunté à M. C... (1) cent dix-sept francs, en me servant du nom de M. Massillon Rouvet, sans son autorisation; je vous prie de remettre cette somme sur mes appointements.

» 21 août 1874. »

(*Ici la signature.*)

Je volais l'État, dit-on, et, loin d'être poursuivi, on est obligé, six mois après ma démission, le 6 mai 1881, de me payer *sur les fonds de l'État* quatre cent vingt-neuf francs

(1) Un des entrepreneurs des travaux diocésains.

dont j'avais fait les avances depuis six mois (traitement du garçon de bureau et fournitures).

Je volais l'État, et aujourd'hui encore je n'ai pas touché un centime pour les travaux, pas même d'honoraires, mais mes déboursés aux travaux du séminaire, travaux qui s'élevaient au minimum à 120,000 fr., et que j'ai faits *tout seul*; d'autres ont touché les honoraires à ma place.

Mais il fallait une place vacante; et l'on me dit : *Démission* ou *révocation*. Était-ce pour me remercier du zèle et du dévouement qui, pendant quatre mois, m'avaient cloué dans mon lit entre la vie et la mort? ou bien était-ce comme joyeux avènement de la naissance de mon fils?...

C'est là toute l'histoire de ma situation officielle que je ne crains pas d'exposer le front haut

Ai-je eu tort d'en parler ici? Je ne le pense pas. D'abord, je le devais à mes amis, et depuis longtemps déjà je désirais protester publiquement, comme j'avais protesté officiellement jadis contre l'indignité dont j'avais été l'objet; c'était d'ailleurs une chose que j'avais promise; il suffisait d'en trouver une occasion.

Or, mon livre par lui-même, fait depuis, était bien la protestation qui portait le plus juste. Je ne pouvais donc laisser passer sous silence une critique dirigée contre ce travail fait avec le plus grand scrupule. Je ne le devais pas encore, à cause de l'éditeur qui en avait fait tous les frais.

Et puis n'ayant, *jusqu'à présent du moins*, rien sollicité comme situation officielle, tant il y a de choses qui écœurent; mais ayant gardé cette indépendance des travaux particuliers qui ne m'ont pas manqué, je devais encore, au point de vue professionnel, me défendre de cette légèreté dont je pouvais être accusé par mon silence, en continuant des travaux dans le pays même où l'on m'avait frappé aussi injustement.

Mais est-ce une raison pour m'acharner contre des adversaires que j'estime et que j'honore? Assurément non.

M. Roubet, président de la Société nivernaise, M. l'abbé Boutillier, son vice-président et aussi archiviste de la ville de

Nevers, savent trop combien je suis respectueux de leur mérite et du travail qui est leur apanage. Je ne puis que les remercier, ici, très-courtoisement, de l'occasion qui m'est offerte d'exposer dans les lignes précédentes les griefs qui, depuis longtemps, me pesaient sur le cœur, comme toute calomnie pèse sur la conscience de l'honnête homme. Je laisse juge le public de la forme employée dans mes observations au sujet de leurs rectifications, puisque c'est la seule raison pour laquelle le comité d'impression m'a fermé jusqu'à présent le *Bulletin* de la Société, malgré un vote formel.

Ceci exposé, le public comprendra ma pensée ; il me permettra aussi de lui dire que j'ai eu l'heur, depuis ces attaques, d'avoir des encouragements au sujet de mon livre dans le *Beaumarchais*, le *XIXᵉ Siècle*, le *Livre*, l'*Architecte*, etc., etc.;

Que des noms comme celui d'Ernest Bosc, auteur d'une foule d'ouvrages archéologiques et d'architecture (1), n'ont pas craint de faire, de leurs plumes autorisées, l'éloge de mon travail ; que M. le Ministre a souscrit à mon livre, ainsi que le conseil général de la Nièvre;

Et enfin qu'un accueil des plus bienveillants lui a été fait cette année à la réunion des sociétés savantes à la Sorbonne, où j'étais délégué par la Société nivernaise pour la représenter.

Nevers, le 14 septembre 1882.

(1) Notamment du *Dictionnaire raisonné d'architecture* et des sciences et des arts qui en dépendent; du *Dictionnaire de l'art, de la curiosité et du bibelot*, etc., etc.

PREMIÈRE RÉPONSE [1]

Il était bien inutile de mettre en tête de mon livre que je le faisais sans aucune prétention littéraire; inutile aussi de passer sous silence mon titre de membre de la Société des lettres, sciences et arts de Nevers, et celui de membre du bureau de cette Société, puisque je devais être passé si sévèrement au crible de la critique du président et du vice-président de la Société nivernaise, critique qui, paraît-il, car j'étais absent, malgré les remarques judicieuses de plusieurs membres présents, a été imprimée sans vote préalable.

Je n'avais point pensé à pareil honneur et supposais qu'un silence prudent pouvait seul me laisser dans une parfaite quiétude et à l'étude de mes projets d'architecture. Il n'en est rien pourtant. Est-ce à cause de ce proverbe bien connu : *Qui aime bien châtie bien?* ou bien est-ce à cause des raisons qu'en donne un auteur : « Si l'on remontait à l'origine de la critique, peut-être s'étonnerait-on que quelques hommes se substituent d'eux-mêmes au public, décident à sa place et en son nom, et raisonnent avec autorité sur les impressions que doit éprouver l'esprit d'autrui. » Il est vrai que le même auteur conclut en ces termes : « Mais comme cette usurpation est ancienne, supposons qu'elle est devenue légitime. »

---

(1) Lue à la Société nivernaise, qui en vota, à l'unanimité, l'insertion au *Bulletin*. La communication des épreuves d'imprimerie m'avait été faite seulement trois ou quatre jours avant cette séance. D'ailleurs, c'est à cette même séance que fut distribué le *Bulletin*.

La conclusion admise, je n'ai plus qu'à remercier mes contradicteurs de la réclame exagérée qu'ils ont faite contre mon travail, et aussi des difficultés qu'ils ont soulevées, à seule fin de ne pas me communiquer le texte de leur critique, alors qu'*on l'abandonnait à un journaliste*, et enfin du refus de réponse dans le *Bulletin* de la Société, — sans savoir quelle serait ma réponse, — malgré mes titres incontestables, etc., etc.

Je dois avouer aussi que ce n'est qu'après l'impression de l'article dans le *Bulletin* de la Société, et presqu'en même temps que le public, au commencement de février 1882, qu'il m'a été possible de posséder les épreuves, corrigées par l'auteur, du texte d'une partie seulement des critiques lues en séance de la Société, le 27 octobre 1881. Cette première partie est chapitrée : *Essai de quelques rectifications.*

§

Il est certain que l'auteur avait pour programme de critiquer tout particulièrement le livre *la Commune de Nevers.*

L'intention en est bien transparente. Pourquoi a-t-il commencé par critiquer un autre travail? Et comment se fait-il que M. N. Duclos, déjà réfuté, — M. Roubet nous l'apprend, — en 1852, par Mgr Crosnier et M. l'abbé Lebrun, le soit à nouveau par M. le Président? Je ne sais.

Le « à *Saint-Pierre condamné aujourd'hui et jugé demain* » forme le matelas, l'excuse; c'est pour moi le fameux sabre de Joseph Prudhomme qui doit m'excuser, en faisant voir que je ne suis pas seul à être réfuté, ou me pourfendre de ridicule.

J'avoue que l'épître enjouée et *humoristique*, selon l'heureuse expression de notre président, est plutôt faite pour me pourfendre.

Trois pages in-8°, pour le moins, préparent ainsi le lecteur et l'auteur à *la première d'un Berrichon à un Nivernais.*

Qu'il me soit permis, à moi aussi, de faire une profession de foi, tout comme M. le Président, et d'avouer que j'aurais tort de me formaliser des traits d'esprit échappés à la plume un peu trop facile de mon contradicteur le Berrichon, et doublement tort ; et si je devais m'écarter de la réserve, qu'on me permette de conformer ma conduite à ces préceptes : « Je sais qu'à la dureté trop commune de la critique on oppose la sensibilité ombrageuse souvent reprochée aux hommes de lettres. Les abus sont partout. Nos ouvrages nous touchent de si près, qu'il faut une rare modération pour séparer deux intérêts que le censeur affecte presque toujours de confondre (1). »

Quoique les rôles me paraissent renversés, et qu'ayant posé et discuté une thèse, aucun de mes raisonnements n'ait été même effleuré par M. l'Archéologue berrichon ; bien que les conclusions de mon livre restent complètes et soient encore sans attaques sérieuses, il ne me déplaît point de suivre mon savant collègue dans ses critiques.

Notre président n'a-t-il pas dit, d'ailleurs, dans sa réponse à M. le Berrichon : « Les interprétations contradictoires ne provoquent-elles pas d'intéressantes élucidations ? »

C'est donc tout particulièrement à M. l'Archéologue berrichon que je vais m'adresser.

§

Il a d'abord l'obligeance de s'apitoyer sur le sort et la réputation de M. de Caumont, notre maître à tous, et des savants collègues qui n'ont pas découvert un monument si digne d'intérêt.

Je ne sais si M. de Caumont est notre maître à tous ; mais ce que je sais, c'est qu'il se serait gravement trompé si, avec M. Touchard de La Fosse et MM. les abbés Bourrassé et

(1) Villemain.

Crosnier — notre ancien président — il avait conclu à ce que l'annexe fût contemporaine de l'abside Sainte-Julitte. Il se serait encore gravement trompé s'il n'avait trouvé plus d'un siècle de différence avec cette même abside.

Espérons que nous n'avons pas à leur faire ce reproche et supposons qu'ils ont vu là une construction sans intérêt : parce que les enduits cachaient les archères parce qu'un plancher coupait l'étage en deux, qu'une façade moderne fort indifférente fermait la disposition sur la rue, que la voûte était cachée sous des enduits de plâtre et recouverte de papier collé, et qu'à moitié démolie elle était éventrée dans le surplus ; qu'enfin l'habitation même de cette masure ne leur permettait pas de faire, comme dans la cathédrale, de minutieuses recherches.

Ne seraient ces choses, on eût pu se prononcer avec plus de connaissance. M. l'abbé Crosnier ne nous donne-t-il pas la vraie mesure de cette difficulté de se rendre compte, puisque, dans le plan annexé à sa *Monographie de la Cathédrale*, il oublie d'indiquer les arcs de soutènement qui ont l'avantage de rendre cette partie, au point de vue de la construction, complétement indépendante des murs qui ferment la cathédrale ? Ces excuses sont d'autant plus naturelles que je n'ai pu me former une idée qu'après une démolition en gle de tous ces embarras.

Grâce à ce travail matériel, grâce aux reprises de maçonnerie que j'ai opérées, je puis prouver sans effort que, derrière cette construction, existe la vieille cathédrale ; que mes dessins sont exacts ; que cette partie que j'appelle la salle des échevins a été construite après coup.

Il n'y a pas là un bien grand mérite ; les contre-forts, les parements de murs se retrouvent derrière les maçonneries et se poursuivent au-dessus comme au-dessous, et les maçonneries sont dissemblables.

Malgré vous, Monsieur l'Archéologue berrichon, vous avouerez, je ne puis en douter, après avoir examiné attentivement les lieux, vous avouerez, dis-je, que j'ai raison.

§

La voûte retombe sur des arcs supportés, dites-vous, par des piliers carrés et *rustiqués*. Bien que je connusse la véritable portée du mot *rustique* ou *rustiqué*, j'ai voulu me renseigner sur sa signification vraie ou figurée dans un dictionnaire.

Je n'ai consulté que Bescherelle, et voici les définitions données par lui en termes d'architecture :

« *Rustique*, ouvrage genre rustique ; genre d'ouvrage fait de pierres brutes ou de pierres taillées à l'imitation des pierres brutes.

» *L'ordre rustique*, ou substantivement *le rustique*.

» *Architecture*, travailler ou crépir la surface d'une construction, d'un édifice dans le genre rustique.

» Rustiquer un château.

» *Rustiquer des pierres*, tailler, les travailler de manière à leur donner une apparence BRUTE. »

Il est manifeste que l'auteur berrichon a commis une erreur que ne commettent pas généralement les archéologues qui sont familiarisés avec les termes du métier, qui savent ce que sont les constructions et comment on les fait.

Il est probable que, s'il avait eu un peu plus de pratique du métier de constructeur, base de l'archéologie et véritable source de mon travail, l'archéologue berrichon n'aurait pas employé l'adjectif *rustiqués*. Le rustique est un outil de tailleur de pierre qui ne s'emploie pas partout; à Nevers, par exemple, on l'emploie à cause de la nature de la pierre. Il ne sert qu'à dégrossir les pierres tendres ou demi-dures.

Toutes les pierres, quelle que soit leur dureté, peuvent être layées ou bretturées, mais cette taille est ce qu'on appelle une taille *finie.*

Or, les piliers en question, et en général toutes les tailles romanes ou gothiques, sont *finies* et portent le nom de *bretturées* ou *layées.*

L'expression de taille rustiquée est donc impropre dans la circonstance et fait une différence trop marquée avec ce que voulait sans doute dire M. l'Archéologue berrichon.

Mais, il faut bien l'avouer, tout le monde n'est pas capable de saisir ces nuances, et je comprends très-bien que M. l'Archéologue berrichon s'égare lui-même en égarant les autres.

§

« L'aspect sévère et solide de cette salle me parut tout à fait claustral; la construction en est plus cistercienne que clunisienne, » me dit l'archéologue berrichon.

Où il m'eût plus impressionné et gêné pour quelques instants peut-être, c'eût été le cas où il m'eût dit : La salle n'est pas plus cistercienne que clunisienne, puisque la limite extrême des constructions dirigées par des moines ne dépasse guère l'an 1150 et que vous êtes en 1194. En effet, Hilduard, qui commença Saint-Père de Chartres, l'édifia en 1150, et, depuis, ce fut l'un des derniers moines architectes dont on ait gardé le souvenir. Une preuve à l'appui, c'est qu'on est d'accord pour placer tous les noms suivants comme des *maîtres des œuvres* laïques : Gislebert, auteur du plan de l'église de Saint-Ouen de Rouen, qui fut dédiée en 1126; Rencon (signé Renco), à Tournus; Hugues (signé Hugo), dans plusieurs églises de Provence; Imbert, à Saint-Benoît-sur-Loire; Gilabert, à Toulouse, etc., etc., et encore n'est-on pas absolument certain que ceux qui ont signé soient des laïques.

Mais n'avons-nous pas, dans le Nivernais même, la signature d'un *maître des œuvres* sur une base de colonne à l'église Saint-Révérien ?

Voilà, dis-je, qui m'eût donné à réfléchir si je n'avais, dans mon travail, établi cette nuance, discuté cette probabilité, en osant même sortir du cliché ordinairement adopté et en disant que ce travail a dû être dirigé par un moine de Cluny et exécuté par des ouvriers laïques.

Comment admettre que l'église de Saint-Etienne de Nevers n'est pas une construction clunisienne, lorsqu'on sait que deux moines : d'abord, Gauzon (abbé de Beaune), et ensuite Hézelon, Flamand (qui enseignait à Liége avant son entrée à Cluny), fournirent à saint Hugues le plan de l'abbaye de Cluny, commencée en 1089, huit années avant Saint-Etienne? Qui sait même si l'un de ces deux moines ne serait pas l'architecte de Saint-Etienne de Nevers, inspiré par les églises auvergnates ?

Ce sont des faits connus que j'avance.

Non moins connu est le fait d'une charte de 1186, donnée par Pierre de Courtenay, avec caution du roi Philippe-Auguste, qui accordait de nombreuses concessions au prieuré clunisien de Saint-Etienne. (*Commune de Nevers*, page 114.) C'est ce qui me fait conclure ainsi dans mon livre : « Il nous semble difficile d'admettre que Pierre de Courtenay soit allé chercher un maître des œuvres autre part, et, de fait, cette construction n'est-elle pas plutôt monastique d'aspect que civile ? » (*Commune de Nevers*, pages 114-117.)

La seule objection que vous puissiez faire à mon raisonnement est que les églises cisterciennes avaient plus d'austérité que celles de Cluny; mais alors prouvez-moi que saint Hugues a fait construire Saint-Etienne par des cisterciens.

Or, aux pages 117 et suivantes de mon livre, je m'efforce de faire comprendre l'analogie que je retrouve entre les deux méthodes de construction. Il faut croire que, malgré ma bonne volonté, je ne suis pas parvenu à me faire comprendre de M. l'Archéologue berrichon, qui affecte de discuter mon livre sans l'avoir lu.

Mais n'ai-je pas un peu le droit de lui demander aussi : Pourquoi venez-vous contester sans preuves, sans raisonnements, une question tranchée par les faits eux-mêmes, et absolument comme je dirais à mon domestique, du droit que

me donne le payement d'un sa'aire : Jean, donnez-moi mon chapeau ?

§

Tabula et *communis urbis Niv.*

Pourquoi M. l'Archéologue berrichon a-t-il ici besoin de copier Parmentier décrivant une salle des échevins au quinzième siècle ?

Toutes les salles des échevins sont donc semblables, pour lui, depuis le onzième siècle jusqu'à nos jours, sous peine de n'en reconnaître aucune ?

Il faut donc plus que l'intention, il faut l'écriteau.

Parce que je ne lirais pas sur les murs de la salle : CES CONSTRUCTIONS ONT ÉTÉ ÉDIFIÉES POUR INSTALLER LES PREMIERS ÉCHEVINS CRÉÉS EN 1194, par cette raison seule je n'aurais pas dû développer mes idées, par cela seul je serais *condamné aujourd'hui !*.... Espérons que, grâce au voisinage de Saint-Pierre, je serai *jugé demain.*

A mon avis, c'est un raisonnement aussi spécieux que le suivant : Je critique votre travail sans vous nommer ; donc vous êtes dans l'impossibilité de dire que j'ai parlé de vous ; vous n'êtes plus qu'un étranger.

Au fait, je veux me tromper et accepter, un peu les yeux fermés, votre raisonnement, mais à une condition que voici : Il existe encore à Nevers un ancien hôtel des échevins ; c'est le *Palais*, rue du Commerce.

L'une de ses cloches, dans le beffroi de nos jours, est encore celle qui fut fondue au prieuré de Saint-Étienne et pendue le 26 mars 1439. L'hôtel des échevins dont il est question est moins âgé que la salle de la cathédrale d'au moins 245 ans. Aucun plancher n'en a coupé les étages, aucune voûte n'a été dénaturée ou détruite. Le perron traditionnel formant balcon couvert est bien au devant de la salle ; il existe encore, comme son beffroi et sa vigie ; les enduits de plâtre ne se sont pas succédé au point d'avoir dénaturé les murs et les pierres de taille.

Je ne doute nullement de votre savoir, de vos qualités d'observateur et de voyageur, puisque vous me dites qu'autrefois vous avez visité Bruxelles, admiré les palais communaux de Gand et de Saint-Quentin, et vu avec intérêt l'hôtel de ville d'Amboise.

Vous ne refuserez pas de visiter le *Palais*, où vous n'aurez, certes, nulle peine à retrouver la *tabula* sur laquelle aurait pu être gravée la charte non pas de 1194, mais de 1231.

Vos yeux trouveront, mieux que d'autres, quelques vestiges indiquant les armoiries de la ville, avec deux *angelets* pour supports, ou bien quelques cartouches, sur lesquels vous ne manquerez pas de retrouver cette inscription :

CAMERA . COMUNIS . URBIS : NIV.

Je serais heureux de constater que vos recherches sont précieuses, et j'espère obtenir de votre modestie un nom qui me ferait tant d'honneur, au lieu de X***, dans la seconde édition que j'espère faire de mon travail sur Nevers.

§

Je ne vois plus rien à réfuter à la trop spirituelle épître de M. l'Archéologue berrichon, et je pense avoir suffisamment éclairé ses doutes sur certains points. Il n'y a qu'une chose à laquelle je n'ai pas répondu, c'est à savoir si les archères sont des *prises d'air et de jour*, ou si les jours sont des *archères*.

Il voudra bien me permettre de ne pas faire ici un cours de construction qui m'obligerait à mon tour de passer de la défensive à l'offensive, surtout s'il me mettait derrière les archères; ce qui me siérait mal.

Qu'il m'autorise quelques réflexions en finissant, réflexions toutes trouvées dans un travail couronné par l'Institut.

Ce n'est pas que je veuille m'en appliquer un mérite quelconque; Dieu me garde de porter mon travail aux nues, ni d'en exagérer l'importance.

Mon travail n'était qu'une carte de visite, je puis bien le dire, au moment où l'on m'obligeait de quitter les travaux de la cathédrale, et j'estime que vos critiques lui ont donné plus de popularité qu'il n'en mérite peut-être.

M. l'Archéologue berrichon a-t-il donc oublié qu'un critique « se croira chargé de la recommandation de tout bon ouvrage qui paraît sans la recommandation d'un nom déjà célèbre, et que, lorsque le talent n'est qu'à demi enveloppé, il louera l'espérance »? qu'enfin « il s'apercevra qu'il est inutile d'épuiser tous les traits du sarcasme contre un pauvre auteur dont les exemples n'ont pas le droit d'être dangereux ? »

§

Il était naturel que notre président, M. Roubet, fît une réponse à *la première d'un Berrichon* que nous avons vue; elle était de nature à ne pas être passée sous silence.

Je me plais à reconnaître qu'il l'a fait en termes fort courtois et fort bons, et qu'il se rapproche davantage des conseils de Villemain.

Y a-t-il une ou deux archères par segment? Mon dessin est-il fait pour le besoin de la cause?

M. le président Roubet prétend que, pour le *besoin de la cause*, j'ai indiqué deux archères par chaque segment, alors qu'il n'a pu en découvrir qu'une seule !... C'est peu louable pour moi d'être accusé de modifier les textes en pierre. Heureusement il n'en est rien.

Posons bien le principe. Le journal *le Conservateur de la Nièvre* (1er novembre 1881) avait dit, en faisant le compte-rendu de la séance du 27 octobre, « *l'unique* archère » que M. Roubet avait trouvée.

M. le Président nous dit dans le *Bulletin* qu'il n'y a qu'une seule archère par chaque segment.

En théorie et d'après les amorces trouvées *sur le tâs*, il y avait dans le mur en tout dix archères; elles étaient placées comme l'indique mon dessin, et il est encore possible, heureusement pour moi, de retrouver avec ce dessin la place de celles qui, aujourd'hui, restent encore. Elles sont au nombre de cinq; une seule est visible à l'intérieur du rez-de-chaussée; elle n'est pas dans un segment, mais au-dessus de l'arc de soutènement en pierre, et dans le prolongement de son axe; à l'extérieur on ne peut l'apercevoir, puisque le grand contre-fort du treizième siècle passe devant.

L'autre archère, visible au rez-de-chaussée, se trouve dans le segment près de l'abside; elle est au nord de l'axe de cet arc, n'est visible qu'à l'extérieur, et la demi-croisée qui a été ouverte occupe la place de l'autre archère qui a été *démolie* dans le côté sud de l'axe du segment. Il y avait donc là *deux archères par segment?*....

Une autre archère est dans l'escalier qui communique du rez-de-chaussée au sous-sol; elle est en dehors de tout segment et a été fermée par un contre-fort.

Enfin, les deux dernières archères sont dans le sous-sol, dans l'axe de chaque segment de voûte; elles ont encore des marches d'escalier dans leurs ébrasements; ici il n'y a bien qu'*une seule archère par segment*.

A l'extérieur, ces archères ont été fermées par un socle moderne qui fait le soubassement des murs; mais on les voit complètes du dedans.

Y a-t-il là suffisante explication pour satisfaire mon travail et justifier la critique de M. le président Roubet? Je le suppose et le désire vivement.

Ces explications données, je ne verrais plus qu'une chose à faire : prendre rendez-vous sur place avec la Société nivernaise.

§

M. le Président a l'obligeance de nous faire remarquer que ce bâtiment est si peu militaire, qu'aucun désordre, qu'aucune sédition n'a encore été réprimée par les archères de la salle des échevins.

D'abord, cette remarque ne prouverait pas grand'chose, et, ensuite, nous avons dit que M. Roubet attachait une grande importance à un fait signalé par les *Olim.*

Nous lui demanderons, à notre tour, s'il ne s'agirait pas de cette histoire de prisonniers à délivrer de la prison de l'officialité, à l'évêché, dont il nous a fait un compte-rendu à la fois spirituel et émouvant ? L'un des derniers *Bulletins* fait mention de cette lecture.

Si nous ne nous trompons, il nous permettra de lui rappeler que cette sédition avait lieu à la fin du dix-septième siècle et qu'il serait difficile d'en tirer des preuves contre mon travail, après six siècles d'intervalle.

Si ce n'est pas ce que je pense, je serais fort curieux, et je suppose que la Société serait très-heureuse aussi d'apprendre des faits historiques remontant à une date antérieure au treizième siècle.

Car, ne l'oublions pas, les grands contre-forts qui cachent des archères sont du treizième siècle, au moment de la reconstruction de l'église, et pour permettre de faire la surélévation des nefs du transept et soutenir une partie de ses voûtes. Cette disposition ne prouverait-elle pas encore que la construction fut érigée pour une salle des échevins en 1194 ? Ce qui ne veut pas dire, — et mon livre en fait bien la nuance, — que cette salle fonctionna comme salle des échevins.

Cela prouverait, dis-je, que, lorsque la cathédrale du treizième siècle fut construite sur les ruines incendiées de l'ancienne, on ne tint plus compte de cette disposition première.

C'est une preuve de plus que cette construction, dans l'espace de dix ou quinze ans à peine, n'avait déjà plus sa destination primitive; et cela accentue davantage encore cette politique incertaine du comte que j'ai signalée dans mon travail.

C'est ainsi qu'on peut encore s'expliquer qu'une nouvelle charte d'affranchissement soit promulguée en 1231, après celle de 1194, qui n'a pu être retrouvée malgré les recherches d'hommes les plus compétents.

§

M. le Président, en nous citant un racontar bien connu au sujet de la statue de Jean Rouvet, cherche à faire croire que j'ai commis une erreur. Il se trompe. Je connaissais l'anecdote.

Ce que tout le monde ne sait pas, et surtout les étrangers, c'est qu'il existe à Clamecy un buste fait par cet artiste hors ligne qu'on appelle David d'Angers, c'est que la mémoire de Jean Rouvet y est conservée et glorifiée.

Je n'ai pas d'autre but.

§

J'attends, pour continuer ma réponse, que M. l'abbé Boutillier, notre vice-président, m'ait communiqué, ainsi que l'a fait M. Roubet, ses épreuves corrigées (1).

(1) Ces épreuves, je les ai eues comme tout le monde en recevant le *Bulletin.*

SECONDE RÉPONSE [1]

Deux membres de la Société nivernaise ont bien voulu me faire l'honneur de critiquer mon travail sur *la Commune de Nevers*. Et ce n'est qu'après cette critique que, représentant la Société nivernaise, j'ai eu l'honneur de l'exposer à la réunion des sociétés savantes de 1882 à la Sorbonne, où un accueil des plus bienveillants m'a largement compensé de mes peines.

Les critiques sont de deux sortes : matérielles et historiques. On a, tout d'abord, prétendu que je m'étais trompé dans mes dessins, sur le nombre et la destination des archères. Je propose à la Société, réunie sur place, de vérifier l'exactitude non-seulement de mes dessins, mais encore de mes descriptions.

§

On me dit que Parmentier donnait l'emplacement des cloîtres de la cathédrale et qu'on en aperçoit les restes dans les caves du couchant, au nord de la cathédrale.

---

(1) Lue à la Société en juin et un mois avant l'impression du dernier *Bulletin*. Cette réponse était destinée à remplacer l'autre et visait à la fois les critiques de M. Roubet et de M. l'abbé Boutillier.

Nous espérons qu'ayant le bon à tirer huit mois avant l'impression du premier *Bulletin*, elle pourra y trouver place.

Ici une simple inspection fera voir dans ces caves des ouvrages militaires signalés page 149 de mon travail.

§

Il paraît, suivant mon honorable contradicteur, qu'en rétablissant la cathédrale de 1194, j'ai commis une grave erreur, et, documents en main, il nous dit : « Au douzième siècle, il y avait trois pignons, l'un au midi, l'autre au couchant et le dernier au septentrion ; » et avec un registre de l'état civil de 1759, il cite la note écrite en cette même année par l'abbé Guynet, curé de Saint-Jean.

Certes, le jugement est prompt !..... Je me permettrai de dire que mon collègue fait une application erronée de son texte.

D'abord la cathédrale a été modifiée et surélevée après 1201, et il n'y a pas trace de pignons avant cette époque; le contraire existe. Ce n'est donc pas d'après un texte indiquant l'état de l'église en 1759, que mon collègue pourra inférer que je me suis trompé.

Or, je n'ai pas cherché à rétablir une autre façade que celle de 1194; par conséquent, je n'avais pas à parler des pignons postérieurs, que je réserve encore.

Mais, suivons le texte de l'abbé Guynet, puisque aussi bien mon collègue veut bien me l'expliquer. Mon contradicteur ajoute : « On pourra remarquer dans ces lignes, qui sont toute une révélation, l'expression singulière de *dôme* appliquée au carré du transept, en face de l'abside Sainte-Julitte. »

Mon collègue, s'aidant de mon travail sur *la Commune de Nevers*, dit : « Cette partie de l'édifice devait en effet dépasser les nefs par ses toitures et sortait en tour trapue au-dessus d'elles (1). »

Cette description, que je faisais de la cathédrale en 1194, n'est plus applicable ici; les toits ne sont plus les mêmes ; le treizième siècle a construit au-dessus du douzième siècle, et il n'y a plus aucune apparence de *dôme*.

Mais, par contre, vers le règne de Louis XV, on vint construire un toit en *dôme;* c'est celui qui recouvre les cloches de l'horloge et qui est sur le milieu de la nef.

Et c'est de celui-ci dont veut parler l'abbé Guynet quand il dit : « *Depuis et en deçà du dôme* jusqu'à l'orgue (2). »

§

Y avait-il une ou deux absides ? Très-adroitement, mon collègue nous dit, et son assertion est *catégorique :* « L'ancienne église était tournée à l'occident. »

Fort heureusement qu'il cite à l'appui les phrases suivantes tirées de Parmentier : « Comme on le voit par la voûte que nous *supposons* avoir été le sanctuaire. » — « *On pense* que la principale porte de l'église était au même endroit où est aujourd'hui le grand autel du chœur. »

Est-il permis d'être plus perplexe qu'on l'était en 1770 ?...

Mais remarquez bien que je cite les mêmes phrases données par mon contradicteur.

Notre ancien président, Mgr Crosnier, non-seulement hésitait, mais il penchait de préférence pour la version que je donne, et qui est le résultat des fouilles faites alors que je faisais exécuter les travaux de la cathédrale.

(1) *Commune de Nevers*, p. 23.
(2) L'orgue était sous la voûte de Sainte-Julitte.

§

Encore une grosse question soulevée qui venait étayer la première assertion : « Dans la chapelle de Saint-Cyr était l'autel majeur ; l'évêque ne pouvait officier autre part que là, surtout la nuit de Noël.

» Le rite, à cette époque où il y avait des autels à l'antique, demandait que l'officiant qui était en face des fidèles regardât l'orient. » Conclusion naturelle : il y avait une seule abside ; elle était à l'occident. Mais alors toutes les autres églises qui étaient à l'orient, telles Saint-Étienne de Nevers, Notre-Dame de Paris, Notre-Dame du Port à Clermont, etc., etc., qui toutes avaient des autels à l'antique, étaient donc des non-sens, puisque toutes ont des absides à l'orient ?...

N'est-il pas permis de croire que les généralités passent avant les exceptions ?

Et relativement à l'autel majeur, seul autel où l'évêque pouvait officier, je demande à mon honorable contradicteur d'admettre un moment que la cathédrale avait deux absides.

Qui pouvait empêcher la scène de Noël (page 24 de *la Commune de Nevers*), de se passer à l'abside du levant plutôt qu'à Sainte-Julitte, puisque, depuis qu'une abside est à l'orient, on se rappelle que l'évêque officie exclusivement dans cette dernière ?

§

La salle des échevins est mal nommée, ce n'est qu'une fiction, et je ne dois pas accrocher mon écriteau après elle, à moins que je ne donne des preuves qui soient tirées des

chartes, des inscriptions lapidaires et des délibérations des
échevins qui l'ont habitée.

Mes contradicteurs ajoutent ceci : « Nous ne vous disons
rien qui ne soit tiré des textes authentiques : 1° du *Gallia
christiana*, 2° des *Voyages liturgiques*, 3° des registres de
l'état civil, 4° du *Livre noir*, et ces textes sont incontestables ; ils nous apprennent que votre salle des échevins était
tout simplement une *sacristie*, un *trésor.* »

Certes, ces assertions seraient sérieuses et irréfutables si
elles étaient contemporaines des faits ; mais elles ont un
tort immense, celui d'en être éloignées de quatre ou cinq
siècles !...

Précisons. Parmentier écrivait en 1770, et c'est à la même
époque que mon collègue rapporte la rédaction du *Gallia
christiana* ; c'est en 1697 ou 1698 qu'il place ces *Voyages
liturgiques en France*, par Lebrun-Desmarettes dit le sieur
de Mauléon, et le registre de l'état civil est de 1759. Si
seulement l'un quelconque de ces documents venait nous
dire pourquoi des contre-forts du treizième siècle viennent
fermer des archères ? pourquoi la salle, à peine construite,
se trouve transformée de sa destination première ? s'il nous
décrivait la belle fresque du onzième siècle, qui a dû rester
longtemps visible ?

Si, dis-je, l'une de ces pièces nous disait qu'un incendie a
brûlé le transept, aujourd'hui disparu, ainsi que le chœur
de la cathédrale au treizième siècle ?

Mais point du tout. Les pièces en question ne font seulement pas mention d'un chemin en pierre construit devant
les vitraux, faisant le tour de l'église, à peine détruit à la fin
du quinzième siècle.

Mais où sont donc vos traditions ?

Et vous voulez que j'aie plus de confiance dans vos assertions que dans les pierres ? que j'aie plus de confiance dans
vos citations et vos textes, qui certainement sont mal appli-

qués, que dans mes tailles, dans mes moellons, dans mes constructions ?

Personne ne pourrait vous suivre et n'accepterait vos assertions ; car, en somme, vous avez plus d'assertions que de preuves, et celles que vous avez sont mal appliquées aux circonstances ; elles sont éloignées et quelquefois, — singulière comparaison, — vous les appliquez à une construction d'il y a cinq siècles, qui a été depuis transformée au moins deux fois.

Nevers. Imp. Fav. G. Vallière, succr. (1026)

On trouve chez J. MICHOT

DU MÊME AUTEUR

LA COMMUNE DE NEVERS,

ORIGINE DE SES FRANCHISES,

ORNÉE DE NOMBREUX DESSINS DE L'AUTEUR,

Ouvrage honoré d'une souscription du Ministre de l'intérieur
et du Conseil général de la Nièvre.

———————

JOYAUX CARLOVINGIENS

OUVRAGE ÉPUISÉ.

www.ingramcontent.com/pod-product-compliance
Lightning Source LLC
Chambersburg PA
CBHW060802280326
41934CB00010B/2525